Lk 7 1904

CATHÉDRALE DE CHARTRES.

RECHERCHES

SUR L'ÉPOQUE

A LAQUELLE L'ÉDIFICE ACTUEL A ÉTÉ CONSTRUIT;

Par

MM. Rossard de Mianville et Chasles.

CHARTRES.
GARNIER, Imprimeur-Libraire,
Place des Halles, 16 et 17.

1850.

CATHÉDRALE DE CHARTRES.

RECHERCHES

SUR L'ÉPOQUE A LAQUELLE L'ÉDIFICE ACTUEL A ÉTÉ CONSTRUIT;

PAR

MM. ROSSARD DE MIANVILLE ET CHASLES.

L'incendie qui a consumé les combles de la Cathédrale de Chartres au mois de juin 1836, en causant un deuil général, a attiré d'une manière toute particulière l'attention des amateurs d'archéologie, et de ceux qui s'occupent de recherches historiques, sur ce superbe monument, type de l'architecture religieuse au moyen âge.

Des gens de l'art furent envoyés par le Gouvernement, soit pour apprécier l'étendue du désastre, soit pour jeter de premières idées sur la possibilité de le réparer. Le Ministre de l'Instruction publique annonça même l'intention de faire publier une monographie de l'église de Chartres. En conséquence accoururent une foule de dessinateurs et d'antiquaires, soit délégués, soit simples amateurs.

Tous, en recueillant la tradition du pays, qui veut que l'église actuelle soit celle dont l'Évêque Fulbert entreprit la reconstruction après un incendie qui a eu lieu en 1020, tous témoignèrent hautement leur incrédulité à cet égard. Tous affirmèrent que, soit dans le style de l'architecture, soit dans le caractère de l'ornementation, ils ne pouvaient rien reconnaître qui annonçât un monument antérieur au treizième siècle.

Cette opinion, uniformément émise par des hommes accoutumés à traiter des questions d'art et d'archéologie, a dû naturellement faire naître l'idée de recourir aux sources de la tradition, et de rechercher dans les documents écrits ce qui pouvait ou l'appuyer ou la détruire.

Tous les historiens spéciaux du pays, Souchet, Chaline, Pintard, dont les ouvrages existent manuscrits dans la Bibliothèque de Chartres, Rouillard, dans sa Parthénie, Sablon, dans son histoire de l'église de Chartres, Doyen, Chevard, Ozerai, dans leurs histoires du pays Chartrain, ont reçu et propagé, mais sans discussion, l'opinion résultant de la tradition. Ils ont admis que l'église actuelle est celle que fit élever l'Évêque Fulbert, mort en 1029, dont il est dit dans la liste des Évêques insérée à la suite du poème des Miracles de la Vierge, *Sed postmodum idem Fulbertus adhibita diligentia sua magna industria dictam ecclesiam a fundamento usque ad summum ejus in decore quo nunc est fere totaliter continuavit* (1). C'est-à-dire qu'ils ont admis implicitement que cette église fut presque entièrement achevée dans le court espace de huit années. Il faut au surplus faire préalablement observer que tous ces historiens sont modernes, et que le plus ancien d'eux, Souchet, écrivait au commencement du 17e siècle, c'est-à-dire à plus de six cents ans de distance du temps de Fulbert.

Mais de nombreux écrivains, bien plus voisins que ceux-ci de l'époque, quelle qu'elle soit, de la construction de l'église actuelle, ont rapporté un fait qui, s'il est incontestable, ruine de fond en comble la tradition vulgaire sur l'ancienneté de cet édifice ; car ils font mention d'un incendie qui, en 1194, aurait détruit une partie de la ville de Chartres, et notamment l'église dédiée à la Vierge Marie.

Cette église serait donc du commencement du 13e siècle, comme le pensent les archéologues.

Cependant, malgré l'autorité de témoignages qui semblaient mériter d'autant plus de confiance, que plusieurs des écrivains dont il s'agit étaient contemporains de l'événement qu'ils racontent, l'opinion qui attribue à Fulbert l'église actuelle, a pris naissance et nous a été transmise par le concours unanime des

---

(1) Mss. de la Bibliothèque de Chartres ; 2e partie, n° 18.

historiens modernes. De nos jours encore, dans les écrits les plus récents, cette opinion n'a eu que des partisans et des défenseurs qui ont cru pouvoir réfuter ou récuser toutes preuves contraires à la tradition vulgaire, et maintenir l'antiquité du monument.

C'est dans ces circonstances que nous nous sommes proposé d'éclairer cette question singulière, très-propre à piquer la curiosité. Nos recherches n'ont point tardé à nous convaincre de la réalité de l'incendie de 1194, et à justifier à nos yeux le sentiment émis par les architectes sur l'époque de la construction de l'église actuelle. Nos preuves reposent sur divers ordres de faits qui concourront tous à la même conclusion.

Preuves tirées des historiens anciens.

Parmi les historiens anciens qui font mention d'un incendie arrivé en 1194, on en distingue quatre qui vivaient à cette époque même, et dont le témoignage mérite de figurer en première ligne dans cette dissertation; ce sont Rigord, Guillaume-le-Breton, Robert d'Auxerre, et Guillaume de Newbridge.

1° Rigord, mort en 1207 dans un âge avancé, a écrit l'histoire de Philippe II, auquel il donna, le premier, le surnom d'Auguste; et cet ouvrage, intitulé : *De gestis Philippi Augusti Francorum regis*, lui coûta dix ans de travail.

On y lit : *Eodem anno (1194) ecclesia beatæ Mariæ Carnotensis incendio conflagravit.*

Philippe-Auguste a commencé à régner en 1179; Rigord a donc écrit entre cette année 1179 et 1207 année de sa mort; il était donc contemporain de l'incendie dont il parle, et n'était point né en 1187, comme on l'a légèrement avancé dans un ouvrage récent.

2° Guillaume-le-Breton, né vers 1165, mort après 1226, a continué, à partir de 1208 où elle s'arrêtait, l'histoire des gestes de Philippe-Auguste commencée par Rigord, et a donné le récit de quelques événements antérieurs dont il avait été contemporain, notamment de ceux appartenant à l'an 1194. Il a de plus composé, en l'honneur de ce prince, un grand poème latin, intitulé la Philippide.

On lit dans le premier ouvrage, sous l'année 1194 : *In fine sequentis Junii ecclesia beatæ Mariæ Carnotensis casuali incendio consumpta est, sed post à fidelibus incomparabiliter miro et miraculoso tabulatu lapideo reparata est.*

Et dans le second : (Liv. IV. vers 600 et suiv.)

> Contigit haud multo decurso tempore quod hæc
> Virgo Dei Mater quæ verbo se docet et re
> Carnoti dominam laudabiliore paratu
> Ecclesiam reparare volens specialiter ipsi
> Quam dicat ipsa sibi, mirando provida casu
> Vulcano furere ad libitum permisit in illam,
> Ut medicina foret præsens exustio morbi
> Quo Domini domus illa situ languebat inerti,
> Et causam fabricæ illa ruina futuræ,
> Cui toto par nulla hodie splendescit in orbe :
> Quæ, lapide exciso surgens nova, corpore toto
> Sub testudineo jam consummata decore,
> Judicii nihil usque diem timet igne noceri ;
> Multorumque salus illo provenit ab igne
> Quorum subsidiis operis renovatio facta est.

« Peu de temps après, la Vierge, Mère de Dieu, qui est et se
» dit Dame de Chartres, voulant rendre plus digne d'elle l'église
» qui est spécialement la sienne, permit, par une admirable pré-
» voyance, qu'elle fût la proie des flammes, afin que cet incendie
» fût comme un remède à l'état misérable dans lequel languissait
» cette maison du Seigneur, et qu'il donnât lieu à la construction
» de l'édifice actuel qui n'a pas son pareil dans tout l'univers.
» Entièrement rebâti à neuf en pierres de taille, et terminé par
» une voûte qu'on peut comparer à une écaille de tortue, il n'a
» plus rien à craindre du feu, d'ici au jour du jugement dernier,
» et il sauvera du feu éternel les nombreux fidèles qui, par leurs
» bienfaits, ont contribué à son rétablissement. »

3° Robert d'Auxerre, de l'Abbaye de Saint-Marien, faisait partie de l'église d'Auxerre en 1180, et mourut en 1212. Il a laissé une chronique très-estimée, dans laquelle il parle deux fois de l'incendie de 1194.

Sous la date de 1188, après avoir dit qu'en cette année il y eut des incendies à Beauvais, à Poitiers, etc., il ajoute : « Et bientôt » nous trouverons l'incendie de l'église de la Vierge Marie à » Chartres. »

Sous la date de 1194, il s'exprime ainsi : *Carnotum civitas populosa, ædificiis conferta, subita exustione vastatur; illo quoque incendio illa insignis ecclesia nomine Dei Genitricis ornata cum toto claustro conflagravit et corruit, ubi etiam reliquiarum et hominum multitudo, necnon et ornamentorum congeries immensa deperiit.*

4° Guillaume de Newbridge, auteur anglais, né en 1135, a écrit d'une histoire intitulée *Rerum Anglicarum libri quinque*, qu'il a conduite jusqu'à l'année 1198. Il y parle incidemment, de l'incendie de 1194, et son témoignage est fort remarquable. En racontant les guerres de Richard-Cœur-de-Lion, roi d'Angleterre, et de Philippe-Auguste, il dit que celui-ci, ayant appris que la ville d'Evreux était tombée par trahison au pouvoir des Anglais, abandonna aussitôt le siège de Verneuil qu'il faisait alors, et se précipita sur Evreux dont il s'empara, qu'il spolia l'église de Saint-Taurin, y mit le feu et en transporta les reliques dans l'église de Chartres; mais que ce sacrilège porta malheur à la ville de Chartres, que les reliques spoliées y furent comme du feu qui ne tarda pas à l'embraser.

Voici le texte même de l'auteur : *Porro rex corum* (Francorum) *tanquam ad detergendum pudendæ recessionis dedecus, urbem Ebroicensem, quam prius spoliarat, pervicaci furore evertit, nec celeberrimæ in illis regionibus ecclesiæ beati Gaurini* (Taurini) *pepercit. Cum enim eandem incendi jussisset, et nullus ex tanto exercitu divini timoris intuitu nefariæ jussionis executor existeret: ipse (ut dicitur) cum quibusdam perditis ex illo hominum genere, quos Ribaldos vocant, ingressus sacris ædibus ignem immisit. Denique (ut fertur) quod ex eâdem ecclesia sublatum, Carnutensi civitati illatum, eidem clarissimæ civitati quasi ignis fuit, quæ ni-*

mirum consequenter pene usque ad consumptionem fuit in conbustionem et cibus ignis. (1).

Guillaume de Newbridge a été connu de quelques-uns des historiens modernes de l'église de Chartres, de Souchet notamment. On a peine à concevoir par quelle préoccupation d'esprit cet auteur a combattu son témoignage quoique si puissant, et s'en est même fait un argument à l'appui de sa thèse, savoir la non réalité d'un incendie en 1194.

Le sac d'Evreux, a-t-il dit, n'a eu lieu qu'en 1195; si l'église de Chartres eût été détruite par le feu en 1194, Philippe-Auguste n'aurait pu y apporter les reliques de Saint-Taurin.

Mais cet historien commet ici une erreur de date, sur laquelle repose tout son raisonnement.

Le sac d'Evreux a certainement eu lieu en février 1194. Rigord, Guillaume-le-Breton, Roger de Hoveden, les chroniques de Saint-Denis, Albéric, moine de Trois-Fontaines, en sa chronique, sont concordants à cet égard, et, comme Guillaume de Newbridge, ils placent en février 1194 l'incendie d'Evreux par Philippe-Auguste. Il ne peut y avoir aucun doute sur la date de cet événement, duquel le chroniqueur Anglais dit que les profanations qui l'accompagnèrent furent comme la torche qui embrasa l'église de Chartres où avaient été apportés les objets enlevés de celle d'Evreux. D'un autre côté, c'est à la fin de juin 1194 que Guillaume-le-Breton place l'incendie chartrain, d'où il résulte que le premier fait n'infirme point le second.

L'objection de Souchet est donc sans valeur; cependant elle a été discutée et reproduite dernièrement, mais sans plus d'autorité, ni de raison. Il serait futile de s'y arrêter plus longtemps.

Nous avons rapporté de suite, et préalablement à tout, les quatre témoignages qui nous semblent les plus importants, et parce que leurs auteurs sont contemporains de l'événement, et parce que, chacun d'eux faisant connaître des circonstances différentes de ce désastre, on voit que ce sont bien quatre témoignages différents,

---

(1) *Rerum anglicarum libri V*; liber V^{tus}, cap. 2.

et que ce n'est point la contre-épreuve d'un seul qu'offrent les trois autres.

Voici maintenant plusieurs autres récits émanés d'écrivains postérieurs, qui dès-lors n'ont pas la même autorité que les précédents, mais qui néanmoins ont encore du poids.

Le moine Albéric, cité plus haut, fait mention, dans sa chronique, de l'incendie de l'église de Chartres en 1194.

Les chroniques de Saint-Denis disent à la même date : « En ce » tems fu ars li chastiau de Chaumont en l'Evêchié de Laon, et » l'église de Notre Dame de Chartres, arse. »

Vincent de Beauvais, le précepteur des enfants de Saint-Louis, dans son *Speculum Historiale*, fait aussi mention de l'incendie de 1194 ; mais, comme il le fait dans les mêmes termes que Robert d'Auxerre, on y attacherait peu de prix, sans une circonstance particulière qui a sa part d'influence pour la solution de la question actuelle ; et cette circonstance, la voici :

En 1373, un Moine de l'Abbaye de Saint-Père de Chartres formait une compilation incohérente, à laquelle il a donné le nom d'*Apothecarius Moralis*, et qui existe encore dans la Bibliothèque de Chartres où elle est inventoriée sous le n° 51 de la seconde partie du catalogue des Manuscrits. On y lit au folio 24, verso : *Incipiunt aliqua notabilia speculi hystorialis quæ recitat ibi Vincentius, dicti speculi compilator*. Or, dans ce qu'il emprunte à cet historien, se trouve précisément le récit de l'incendie de 1194. N'est-il pas raisonnable de croire que, si ce fait eût été controuvé, le moine de Saint-Père, qui habitait Chartres, qui vivait dans un temps où la mémoire de l'événement était encore vive, où le désastre n'était peut-être pas entièrement réparé, n'est-il pas très-probable, disons-nous, qu'il ne l'aurait pas admis dans sa compilation, ou qu'en l'admettant, il l'aurait réfuté ?

Nous avons dit que les auteurs modernes de l'histoire Chartraine n'avaient point admis l'incendie de 1194. Cependant nous avons trouvé dans la Bibliothèque de Chartres une Chronique sans nom d'auteur, écrite vers le milieu du 18e siècle, dans laquelle nous lisons, sous la date de 1185 : « La reine Isabelle femme de Phi- » lippe-Auguste vint en dévotion (*à Chartres*). Étant devant

» l'image de la Vierge, elle sentit son enfant remuer et dont
» elle accoucha le 5 septembre 1187. Quelques manuscrits portent
» qu'à l'instant en présence de la Reine quatre lampes s'allu-
» mèrent sans aucun secours visible ; ce qui pronostiqua un em-
» brasement total de la ville, lequel arriva en 1194, d'autres
» disent en 1188. » (1).

Ce passage nous paraît mériter d'autant plus d'attention, que le fait qu'on y rapporte se trouve déjà consigné dans la Parthénie. Car quel que soit l'auteur de cette chronique, il n'a pu faire ce récit que d'après un document ancien ; et certainement l'explication qu'il donne de la cause de l'incendie, explication qui, sans être la même que celle donnée par Guillaume de Newbridge, est cependant de même nature, cette explication, disons-nous, est de l'époque même de l'incendie.

Telle est la masse des documents écrits, précis et concordants, qui combattent victorieusement la tradition populaire légèrement reçue par les écrivains modernes.

La nature du fait rapporté par tant d'auteurs, dont quatre au moins étaient contemporains, ajoute encore à l'autorité de leur témoignage unanime. Car on conçoit qu'il est impossible qu'un fait qui, par sa nature, frappe tous les yeux, un fait aussi considérable que le serait l'incendie d'une ville et d'une cathédrale renommées, donnât lieu à un faux bruit parmi les contemporains de ce prétendu événement, et dans le pays même où l'on dirait qu'il s'est passé. C'est cependant ce qui aurait eu lieu, si l'incendie de 1194 est un fait imaginaire. On s'en est entretenu d'un bout de la France à l'autre, du fond de la Normandie aux confins de la Lorraine ; des chroniqueurs, regnicoles et non regnicoles, l'ont constaté lorsque les cendres du monument détruit étaient encore chaudes ; un poète l'a célébré dans un poëme en l'honneur de Philippe-Auguste, dont la femme était venue en pélerinage sept ans auparavant dans cette même église ; de Philippe-Auguste qui

---

(1) *Abrégé chronologique de l'histoire de Chartres;* n° 69 de la 2ᵉ partie des Mss. de la Bibliothèque de Chartres.

traversa fréquemment le pays Chartrain pour aller combattre tantôt les Anglais en Normandie, tantôt Nivelon de Fretteval dans le Dunois, à telles enseignes qu'il fut spolié des archives de la couronne entre Châteaudun et Cloyes; de Philippe-Auguste, en un mot, qu'on n'aurait pas pu tromper sur l'existence, ou la non existence de la cathédrale de Chartres.

Avant de passer à un autre ordre de documents et de preuves en faveur de notre opinion, nous devons dire quelques mots des objections qui ont été élevées contre le témoignage des quatre auteurs, Rigord, Guillaume-le-Breton, Robert d'Auxerre et Guillaume de Newbridge, cités ci-dessus, et de l'explication singulière qui a été donnée de leur récit. « Rigord, a-t-on dit, est le premier
» qui ait parlé d'un incendie arrivé en 1194; et les trois autres
» historiens, Guillaume-le-Breton, Robert d'Auxerre, Guillaume
» de Newbridge, n'ont fait que le copier. Rigord, étant né en
» 1187 n'avait que sept ans lors de ce prétendu incendie. Il
» était incapable de conserver par lui-même le souvenir du dé-
» sastre qu'aurait éprouvé l'église à cette époque. Ce qu'il dit ne
» peut s'appliquer qu'à l'incendie de 1020. Il y a erreur évidente
» dans la date qu'il lui a donnée. »

Un autre écrivain, qui, le premier dans ces derniers temps, a cité les historiens anciens qui ont parlé de l'incendie de 1194, a parfaitement compris combien leur témoignage est grave; mais il a pensé que leurs récits se rapportaient à un incendie de l'abbaye de Saint-Père arrivé en 1134.

Nous allons répondre brièvement à ces deux systèmes d'interprétation des documents historiques.

Il est inexact de dire que Rigord est né en 1187, car on sait qu'il mourut en 1207 dans un âge avancé.

La supposition que Guillaume-le Breton, Robert d'Auxerre et Guillaume de Newbridge n'ont fait que copier Rigord est arbitraire et inadmissible. Arbitraire; car ces historiens étaient eux-mêmes, comme Rigord, contemporains de l'événement, et n'avaient pas besoin de se copier pour en parler. Inadmissible; car Rigord rapporte nûment l'événement, et, au contraire, les trois autres historiens le décrivent, ou en parlent en faisant connaître divers faits ou circonstances qui s'y rapportent.

Guillaume-le-Breton copie-t-il Rigord, lorsqu'à l'énoncé du fait de l'incendie, il ajoute qu'il a eu lieu à la fin de juin ; que, grâce au zèle des fidèles, l'église fut *incomparablement* réparée, et couverte d'une voûte en pierres; assertion qu'il reproduit en d'autres termes dans son poème?

Robert d'Auxerre copie-t-il Rigord ou Guillaume-le-Breton, lorsqu'il annonce l'incendie en 1194 non-seulement de l'église, mais du cloître et de la ville entière : événement, dit-il, dans lequel périrent beaucoup d'hommes, de reliques des saints, et d'ornements d'église?

Guillaume de Newbridge copie-t-il Rigord, lorsque, faisant connaître les circonstances et les suites de la prise et du sac d'Evreux, il dit que la dépouille de l'église de Saint-Taurin fut portée à Chartres, et qu'elle fut comme le tison qui, peu de temps après, mit le feu à cette illustre ville et la détruisit?

Du reste, on remarquera qu'il y a contradiction à supposer, d'une part, que Rigord n'est né qu'en 1187, et, d'autre part, que Robert d'Auxerre, qu'on sait avoir fait partie du clergé de cette église dès l'année 1180, et Guillaume de Newbridge, né en 1135, lui ont emprunté leurs récits. Car, dans cette supposition, Rigord serait plus jeune qu'eux d'une cinquantaine d'années, et l'emprunt deviendrait presque matériellement impossible.

Est-il besoin de répondre à cet autre argument, que c'est l'incendie de 1020, ou celui de l'abbaye de Saint-Père en 1134, que nos quatre historiens se sont accordés à placer en 1194, époque précisément à laquelle ils vivaient tous les quatre? La nature de l'événement considérable qu'ils décrivent ne permet pas de soutenir sérieusement une telle explication.

Après avoir cru réfuter de la sorte les documents historiques qui attestent l'incendie de 1194, on a invoqué divers autres arguments : l'un fondé sur un prétendu fait qui n'offrirait qu'une preuve négative, savoir : le silence des archives de l'église au sujet de l'incendie de 1194; et l'autre fondé sur le poème des miracles de la Vierge, écrit en 1262 : « Poème qui se rapporte, a-t-on pensé, à l'incendie de 1020; qui parle de l'église existante en 1262 comme étant toujours celle de Fulbert, et qui aurait dû faire au moins mention de l'incendie de 1194, s'il eût eu lieu. »

Sur tous ces points il y a erreur. Loin que les registres de l'église et le livre des miracles offrent des arguments contraires à l'incendie de 1194, nous y trouvons des traces et des preuves certaines de la réalité de cet incendie.

Ce sont ces preuves, restées inaperçues, que nous allons faire ressortir.

En admettant que les registres de l'église fussent absolument muets au sujet de l'incendie de 1194, ce ne serait là qu'une sorte de preuve négative qui ne pourrait prévaloir contre le témoignage de quatre écrivains contemporains qui précisent et circonstancient ce fait. Ce silence prévaudrait d'autant moins, que les Cartulaires muets sont postérieurs de près de deux siècles à l'évènement en question. Nous disons si ce silence est constant, car l'incendie de 1194 pouvait avoir été mentionné dans des pièces qui n'existent plus. Nous n'avons point d'actes des Chapitres généraux du Chapitre de Chartres antérieurs à 1298, et point de registres Capitulaires du même Chapitre antérieurs à 1401. D'ailleurs la discussion à laquelle va donner lieu l'examen du livre des miracles pourra faire soupçonner qu'à une certaine époque on a cherché à dénaturer les faits par des falsifications sur les anciens livres, en y changeant les dates, en y substituant un nom propre à un autre. On sait que c'est la manie des villes, des églises, comme des chefs de famille, de reculer, autant qu'elles le peuvent, leur origine dans la nuit des temps; et l'on peut dire que l'église de Chartres n'a point de rivale dans ses prétentions à cet égard. On lit dans une vieille chronique manuscrite (n° 18 de la seconde partie du catalogue des Mss. de la Bibliothèque de Chartres) ce passage : *Revolutis namque antiquorum patrum hystoriis............ reperitur quod dicta Carnotensis ecclesia antequam Virgo beata nasceretur, a primis Christum venturum et de Virgine nasciturum credentibus fundata fuit, in honorem Virginis pariturœ* (1).

Eh bien, ce que ces vieux chroniqueurs ont fait pour la fon-

---

(1) Cette idée a été reproduite dans les lettres de grâce et d'abolition de Charles VII, de juin 1432 : « L'église de Chartres est la
» plus ancienne de nostre royaume fondée par prophétie en l'hon-

dation de l'église de Chartres, d'autres ont voulu le faire à l'égard de sa dernière reconstruction, de la reconstruction qui l'a mise dans l'état où l'a trouvée le feu de 1836. Toutefois les altérations n'ont pas été complètes, et le poème des Miracles, de même que le Nécrologe de l'église, nous conserve des traces non douteuses de la réalité de l'incendie de 1194.

Preuves tirées du Poëme des Miracles de la Vierge.

Le livre des Miracles de la Vierge fait partie du manuscrit n° 18, dont il vient d'être parlé, lequel a été écrit entre 1390 et 1406. Cela résulte de ce que la liste des évêques qui suit ce poème, et qui est de la même encre et de la même main, ne va pas plus loin que Jean de Montaigu, évêque en 1390 et ayant siégé quinze ans.

Mais l'ouvrage lui-même est beaucoup plus ancien. Jehan Lemarchant nous apprend qu'il fut originairement composé en latin par un témoin oculaire de l'incendie de l'église de Chartres, que cet ouvrage était soigneusement conservé dans le trésor de la nouvelle église, et que lui Lemarchant, à la demande de l'évêque Macé (Mathieu), le traduisit en roman et en vers, en l'année 1262.

Pour ceux qui, sans lire dans son entier le poème de Jean Lemarchant, ne fondent leurs conclusions que sur *quelques passages interpolés*, qui portent tous les indices d'une main étrangère, sans doute cet ouvrage paraît se rapporter à l'incendie de 1020 et à la reconstruction de l'église par Fulbert.

Mais si on lit le poème avec attention et qu'on pèse chacun des faits qui s'y trouvent relatés, on ne peut manquer de reconnaître que l'interpolation de la date de 1020 et du nom de Fulbert introduit une contradiction manifeste avec le récit de l'auteur, et que ce récit concerne incontestablement l'incendie de 1194.

» neur de la glorieuse Vierge Marie par avant l'incarnation de notre
» Seigneur Jésus-Christ, en laquelle icelle glorieuse Vierge fu aourée
» en son vivant. »

Les détails sur l'embrasement de l'église ne commencent qu'au troisième chapitre, intitulé : *De larsure de liglise de Chartres et comment li legas sarmona aus gens de la ville* (1), et là commencent les falsifications qui, toutes, portent sur des dates et des noms propres se référant à l'événement. Nous indiquerons ici toutes ces falsifications en reproduisant, en caractères italiques, les mots qui sont d'une écriture moins ancienne et contrefaite, et qui remplacent aujourd'hui ceux que le grattoir a fait disparaître.

> Qui veult conter ou rimoier
> Ne doit pas son sen emploier
> A conter mensonges ne fables;
> . . . .
> Por ce aige esleu tel matire
> Que ge voill treitier et escrire
> Ou il na riens fors verite
> Par le tesmoign dantiquite
> Cil qui fist en latin le liure
> Dit quo ses iaulz vit a deliure
> Les miracles certeinement
> Que Dieu oura apertement
> A lenneur de sa douce mere,
> A cui il est et fiz et pere.

Après avoir expliqué comment l'ouvrage latin languissait oublié et ignoré, renfermé qu'il était dans une armoire du trésor de l'église de Chartres, et comment, à la demande de l'évêque Macé, cette œuvre fut par lui

> dou latin en roumans mise
> Et de la laie gent aprise
> Qui le latin mie nentendent

le poète termine ce préambule par une invocation à Dieu et à la sainte Vierge :

> Quil me doignent poair et sen
> De parfeire ceste oeure. Amen.

---

(1) Page 17 du Poème imprimé.

Alors il entre en matière.

> Puis que dieux incarnacion
> Prist por nostre redempcion,
> Puis celui tens, en lan milieme
> Et *ioint le nombre* de *vintiesme*,
> La voille de la *nostre dame*
> En *septembre* o *grant diffame*
> Par *la volente* Jhesu crist,
> Celle nuit, si com truis escrist
> Ou liure fet dautorite,
> A Chartres prist en la cite
> . . . .

(Ici est la place qu'occupait un vers entièrement gratté et auquel on a substitué de légers traits de plume, informes.)

> Un feu qui ne fu pas a geus
> Car trop fu grant et domageus.
> La ville ardi dou feu esprise
> Dont arse fu toute liglise,
> Dont il fu merueilleus domage,
> Ni remest voste nautre estage
> Tres et soulives confundi
> Lardeur du feu le plon fundi,
> Trebuchierent murs et mesieres,
> Briserent cloches et verrieres,
> Etc.

Passons au fol. 7, recto, 2ᵉ col. (1); après les dix premiers vers, on trouve les deux suivants qui sont écrits d'une autre main et d'une autre encre que le reste du manuscrit, et qui couvrent un espace où le texte primitif a été enlevé :

> *Lors estoit lcuesque Fulbert*
> *Qui du reffeire estoit espert.*

Le poème finit ainsi : (2).

---

(1) Page 27 du poème imprimé.
(2) Page 210; *ibid.*

(17)

Mestre Iohan le Marcheant
Que dex gart destre mescheant
Et doint que toz iorz bien li chee
Ceste euure a dusqua chief cerchiee
Mil *deux cens lxij* ans
Puis lincarnacion passans;
Ou *sexante deux* en septembre,

Si com par mon escript me membre,
Fut ceste besoigne acheuee,
A lenneur la dame ennoree
Qui de misericorde est fontaine
De grace seurondant et pleine,
Ceste euure fut par le ouuree
Et commenciee et consummee
Au tens de nostre rois Lois
Que dex sauue en son seint pais
Et sa mere qui ot non Blanche
Qui fu dame piteuse et franche.

. . . .

A la suite du poème se trouve un dire en prose, dans lequel se remarquent aussi d'importantes altérations.

« Par ce que dit est dessus appert que liglise de Chartres fut
» arse lan mil *et* xx. Du quel temps fut de nouel edifiee la dicte
» eglise si come elle est a present et fist nostre Seigneur les mi-
» racles dessus dis a lenneur de sa sainte mere la benoiste vierge
» Marie pour aidier a ediffier ycelle eglise de Chartres qui est la
» propre et especial chambre de la dite vierge Marie en terre et
» elle mesme en son viuant fut presentement et la vint veoir pour
» ce que illec estoient les premiers crestians et que la cite et
» toute la terre de la conte li auoit este donnee par la prince de
» la terre si comme les autres ystoires racontent. Et pour ceste
» cause se fist elle appeler Dame de Chartres si comme es mira-
» cles dessus diz est deuise lesquelx miracles furent longuement
» reserves et gardes ou tresor de la dite eglise et estoient en latin.
» les quelx translata de latin en francois le dit mestre Jehan le
» Marchant lan mil. cc. lxii. Ainsi sont depuis larsure de la dite

» eglise jusques a la translacion diceulx miracles *ccxlii* ans ou
» environ. »

Il est très-apparent sur le manuscrit, que le mot *et* et le second *x* interpolés au commencement de ce texte, ne remplissent pas l'espace qu'occupaient les caractères primitifs qu'on a enlevés. On peut même reconnaître que cet espace serait exactement rempli par les mots *cent xciiii* faisant suite au mot *mil* qui n'a point été gratté, et que l'x conservé se trouverait naturellement à sa place, en supposant que tel eût été l'état des choses avant la falsification.

On voit que les altérations qu'a subies la copie du poème de Jehan le Marchant, sont toutes caractéristiques, et qu'elles ont pour objet d'attribuer à l'incendie de 1020 ce que l'auteur du poème dit d'un incendie d'une autre date, et de substituer le nom de l'évêque Fulbert à tout autre dire, et peut-être au nom du prélat du temps duquel aurait eu lieu cet autre incendie.

Mais sans rechercher ici les motifs qui ont pu porter à ces corrections ou falsifications, nous pouvons dire qu'elles ont été faites avec une grande légèreté, et probablement par une main ignorante. Car l'auteur ne s'est pas aperçu que le texte même de Jehan le Marchant contient des détails historiques en opposition manifeste avec le sens et le but de ses corrections.

En effet reportons-nous au fol. 6, recto. 2ᵉ col., vers 23 et suivants, nous y lisons : (1)

> Ainsint fesoient leur compleinte
> Qui parchieuement fu esteinte :
> Car dieu leur donna adiutoire
> Cun legat de par lapostoire
> Sages clers et de grant renon
> Qui mestre Meilleur auoit non
> Si comme le liure le nomme
> Et si ert cardinal de Romme
> Ert a Chartres presentement
> Et le feu et lesbrasement

---

(1) Page 24 du poème imprimé.

O ses propres ialz ot veu
Dont il estoit plus esmeu
A mestre conseil en lafeire
Comme de liglise refeire :
Lesueque et les clers a semons
Preschement a feit et sermons
. . . .
. . . . . . , . . .

 Quant li legat ot sarmonne
Lors furent tuit abandonne
Et li euesques et li chanoine
Sans alonge querre naloigne
De eidier i efforcieement
Et sotroierent bonement
Que il mestroient volentiers
Dusqua. iij. ans tretous entiers
De leur rentes bien grant parties
Mes que retenissent leur vies.
A ce tretuit se consentirent
Et si com promistrent le firent.
Empres cel establissement
Ne demora pas longuement
Qua. 1. ior de sollempnite
Tout le pueple de la cite
Fist assembler mestre Meilleurs
En la place non pas ailleurs
Ou liglise auoit este :
Moult les a bien amoneste
Comme clerc bien fonde en lestre
De bien et de largement mestre
De leur biens et de leur chatex
A fere. 1. monstier que ia tex
Ne puisse estre troue ou monde,
. . . .

Ce passage bien clair et précis nous fournit un document certain, sur lequel nous pouvons nous appuyer pour déterminer l'époque de l'incendie qui fait l'objet du poème de Jehan le Marchant; car il y est dit que lors de l'incendie un cardinal-légat nommé Melior (nom latin que le poète traduit par *Meilleur*,) se trouvait à Chartres. Il ne s'agit donc plus que de consulter l'histoire générale. On y voit que, en 1193, le pape Célestin III envoya en France le cardinal Melior avec le titre de légat, pour forcer Philippe-Auguste à se séparer d'Agnès de Méranie, sa maîtresse, et à reprendre Ingelburge de Danemark, sa femme légitime. C'est donc évidemment l'incendie de 1194 que le poète a décrit.

Ce témoignage si concluant n'est pas le seul. Le récit des miracles nous fournit d'autres preuves concordantes.

Le poème contient 32 chapitres, non compris l'introduction qui forme la préface du translateur. Le chapitre 3 décrit l'incendie, comme nous l'avons dit; et chacun des autres, un miracle. Il y a donc trente-un miracles; mais tous ne se rapportent pas à l'incendie et à la reconstruction de l'église. On en distingue qui sont d'époques diverses, antérieures à 1194, savoir : les deux premiers par lesquels l'auteur entre en matière avant de décrire l'incendie, et les cinq derniers, sous les n°s 28 à 32. Plusieurs de ces miracles sont de ceux que s'approprient aussi d'autres églises, comme celle de Soissons, et qu'on trouve, soit en latin, soit translatés en français dans plusieurs auteurs du 12e et du 13e siècle, tels que Hugues Farsit et Gautier de Coinsi. Le 28e, intitulé : *Coment la cité de Chartres fut delivree de ses anemis par la seinte chemise de Chartres*, concerne le siège de la ville par les Normands, en 908.

Les vingt-quatre autres miracles qui suivent immédiatement la description de l'incendie, chapitres 4 à 27, paraissent se rapporter à peu près tous à la reconstruction de l'église. L'auteur du texte latin dit avoir été témoin de l'incendie et de ces miracles :

> Cil qui fist en latin le liure
> Dit que ses iaulz vit a deliure
> Les miracles certainement
> . . . .
> Cil qui ce mist en escriture
> Vit les miracles et larsure
> Bien doit li homes estre creuz
> De ce que ses iaulz ot veuz.
> Cil qui le latin en escrit

> Vit quant quil mist en son escrit
> Donques en fet il bien a croire
> Que ce quil dit est chouse voire.

Or, plusieurs de ces miracles portent une date, ou énoncée ou comprise implicitement dans la mention qui y est faite de personnages de l'époque ; et ces dates s'appliquent aux dernières années du 12ᵉ siècle ou aux premières du siècle suivant.

Ainsi, le 26ᵉ miracle est de l'an 1206 ; on le voit par ces vers :

> Puis ce que dex prist char humaine
> En la virge de grace plaine,
> En apres cel tens en lan milliesme
> Et sixte ouesques deus centiesme,
> . . . .

Le 23ᵉ est des dernières années du 12ᵉ siècle, car il est dit que Richard-Cœur-de-Lion et sa sœur Alix, comtesse de Blois, ayant eu connaissance du miracle, firent des libéralités à l'église de Chartres pour subvenir à sa construction, quoique l'Angleterre fût alors en guerre avec la France.

Le 24ᵉ a eu lieu aussi au temps des guerres entre Philippe-Auguste et Richard, ce qu'on voit par ce passage :

> Tant quil auint que sordi guerre
> Entre Richart rois dAngleterre
> Et li rois Phelipe de France
> . . . .

Il résulte donc péremptoirement du récit de ces miracles, de même que de la mention du cardinal Melior, que c'est l'incendie de 1194 que l'auteur du poème latin a décrit.

Le récit du 23ᵉ miracle contient quelques détails relatifs à ce désastre et au zèle des fidèles pour la reconstruction de l'église, qui ne paraîtront peut-être pas dénués de tout intérêt historique :

> Li liures ici nous deuise,
> Quant arse ot este liglise
> De Chartres, dont fu grans domages.
> Li chapistre enuoia messages
> Par meint pais, par meinte terre,
> Por porchacier aie et querre

A fere liglise de Chartres
Pardon de Rome lestres et chartres,
Portoient et si sermonoient,
Les gens de doner semonoient
A liglise de Chartres fere.
Si auint en icel deteire
Cun clerc qui en France ot este
Escoliers yuer et este,
Nes de Londres en Engleterre,
Sen raloit arriere en sa terre
Cil clers englais por verite
Passa par Sessons la cite,
Si com son chemin le menoit,
Deuers Paris dont il venoit
Tant quil entra en une iglise
Quil voloit oir le seruise :
Illec treuua un quereur
De Chartres, un bon precheur,
Qui de bien fere semonoit
Les genz dentor et sarmonoit
Dou feu de Chartres, de larsure,
Et de la grant desconfiture
Qui auoit en liglise este :
Le clerc sert illec arreste,
Celui oi qui preschoit
Et par sa loquence techoit.
Le pueple de mestre a la queste,
Et racontoit la grant moleste
Dou feu et de lembrasement
Dont Chartres ardi soudement
Et liglise fu mise en cendre,
Moult conuenoit mestre et despendre
En liglise rapareiller.

. . . .

Quant li rois Richart dAngleterre
Dou clerc qui estoit de sa terre
Les miracles acertes sot,
Vers liglise de Chartres ot

Des lors greigneur reuerance,
Et enneur et obedience
Fist au mesages de liglise,
Et les lessa a leur deuise
Aler sarmoner par sa terre,
Ja soit ce que il eust lor guerre
Vers le roi Phelipe de France,
Si leur dona asseurance
Et les recut cortoisement
Et si les conduit sauuement :
Et. i. ior par humilite
Porta li rois por verite
Sus ses espaules lui meismes
Les hautes reliques seintismes
Qui dedens vne chasse estoient
Que li message o eus portoient :
Cest miracle et ceste auenture,
Si comme le dit lescripture,
Conta li rois en tel maniere
A une soe seror chiere
Aalis contesse de Blois,
Et la dame de grant noblais
Par sa contree le conta,
Si que le contes tant monta
Quil fu mis en autorite
A Chartres la bonne cite.

Après la démonstration si directe et si positive que fournissent les divers rapprochements ci-dessus faits, viennent d'autres inductions qui la corroborent.

Le nom de Fulbert se trouve dans le 29e miracle, l'un de ceux qu'on lit en latin ou en français dans d'autres ouvrages, et cette circonstance concourt encore à prouver que le poème se rapporte à l'incendie de 1194 et non à celui qui a détruit l'église en 1020, du temps de Fulbert. Car le miracle concerne un chancelier de l'Église, disciple de Fulbert, et l'auteur parle de cet illustre évêque, d'après les chroniques et les chartes, comme d'un personnage d'une époque déjà éloignée, dont les actes sont conservés dans les légendes :

En escrit trouons et en chartres
Que Fubert euesques de Chartres
Fu bon clerc de haute clergie,
Maint biaus ditiez fist en sa vie,
Meinte legende et meinte estoire
Dont touz iors sera en memoire,
. . . .
Quant dou siecle fu trespasses
De ses clers remeindrent asses
Qui furent de sa decepline
Et qui ensurent sa doctrine.
Entre cels fu un chanceliers
. . . .

Remarquons, au sujet de Fulbert, qu'un miracle que lui a fait la Vierge, au dire de divers auteurs, Guillaume de Malmesbury, *Fasciculus temporum, La mer des histoires*, ne se trouve pas dans notre poème. Ainsi l'on peut dire que loin que Fulbert ait un rôle important dans cet ouvrage, comme a voulu le faire entendre l'auteur des deux vers interpolés que nous avons cités précédemment, il n'y est mentionné qu'une seule fois, et encore fortuitement et pour un fait étranger à ses œuvres et à sa personne.

Le poète dit que la ville fut aussi incendiée,

La ville ardi dou feu esprise;

cela s'accorde avec le récit des historiens contemporains de l'événement; Robert d'Auxerre et Guillaume de Newbridge.

Il est dit que les verrières furent détruites. Nous reviendrons plus loin sur ce point qui n'est pas sans intérêt.

Nous devons conclure dès à présent que le livre des miracles de la Vierge ne se rapporte point à l'incendie de 1020, comme on l'a cru jusqu'ici, mais bien à l'incendie de 1194, et qu'il prouve par lui même, d'une manière décisive, la réalité de cet incendie.

Considérations sur l'état architectural du monument, où l'on prouve qu'il a subi un changement considérable qui s'explique naturellement par l'incendie de 1194.

On a vu de quels termes à la fois emphatiques et précis s'est servi Guillaume le Breton, en parlant de la reconstruction de l'église après l'incendie : *incomparabiliter miro et miraculoso tabulatu lapideo reparata est*, dit-il dans sa chronique. « Elle fut » couverte d'une merveilleuse et miraculeuse voûte en pierres. »

Quæ, lapide exciso, dit-il dans son poème, *surgens nova, corpore toto sub testudineo jam consummata decore judicii nihil usque diem timet igne noceri*. « Sous sa belle écaille de tortue, » elle n'a plus rien à craindre du feu jusqu'au jour du jugement » dernier. » Ces expressions, qui indiquent que le mérite de la nouvelle construction consiste en ce qu'elle est faite en pierres, et que, de la sorte, elle met désormais l'église à l'abri du feu, nous autorisent à penser que les voûtes primitives n'étaient pas en pierres, mais bien en bois. Ces vers du livre des Miracles,

> Niremest voste nautre estage
> Tres et soulives confundi
> Lardeur du feu.....

semblent confirmer cette opinion ; puisqu'ils disent qu'il ne resta ni voûte, ni traits, ni solives.

Enfin un passage du nécrologe de l'église nous offre une troisième preuve concordante. On y lit à la date du 2 des Ides d'aoust : *Obiit..... et henricus rex qui hujus ecclesiæ lacunar construxit*. (1) « Mourut le roi Henri, qui a fait le *lambris* de cette » église. » Ce roi est Henri I, fils de Robert, lequel a régné de 1031 à 1060. Or le mot *Lacunar*, dans la latinité de cette époque, s'appliquait à une voûte en bois. *Conjunctio trabium*, dit Johannes de Janua au mot *Lacunar*.

Ainsi il est certain que l'église quelconque qui existait vers la moitié du onzième siècle n'était point voûtée en pierres, qu'elle n'était que lambrissée sous le comble.

Quel que fût l'état de l'église élevée par Fulbert, ou du moins dont cet évêque commença la construction, il est un fait incontesté, c'est que les clochers n'ont été bâtis que vers le milieu du douzième siècle. Trois pièces historiques et de nombreux passages du nécrologe de l'église s'accordent pour constater ce fait.

---

(1) Ms. n° 28 de la 2ᵉ partie du catalogue, f° 145, r°.

Hugues, archevêque de Rouen, écrit en 1145 à Théodoric, évêque d'Angers, qu'à Chartres les hommes, par un mouvement d'humilité que Dieu illustre par des miracles, s'attèlent à des chariots pour transporter les matériaux nécessaires à la construction de l'église. Le bruit de ce dévouement, dit-il, s'est répandu dans notre Normandie, et plusieurs de nos habitants, partageant cette sainte ferveur, sont partis après avoir reçu ma bénédiction, et ont acquitté le vœu par eux fait. (1)

Robert Dumont, dans sa chronique, s'exprime ainsi en parlant de l'élan donné au zèle des fidèles : *hoc eodem anno (1145) cœperunt homines prius ad carnotum carros lapidibus onustos et lignis, annona et rebus aliis, suis humeris trahere ad opus ecclesiæ cujus turres tunc fiebant*, etc..... Il cite la lettre ci-dessus de l'archevêque de Rouen, et il ajoute : *Diceres prophetiam impleri, Spiritus vitæ erat in rotis.* (2)

Haymoin, abbé de Saint-Pierre-sur-Dive, s'exprime à peu près dans les mêmes termes dans un ouvrage intitulé *Relatio de Miraculis beatæ Mariæ*, et il présente comme général l'enthousiasme religieux qui, à l'imitation des Chartrains, gagna alors les différentes populations de la France. *Hujus sacræ institutionis ritus*, dit-il à l'année 1145, *apud carnotensem ecclesiam est inchoatus, ac deinde in nostra virtutibus innumeris confirmatus : postremo per totam fere Normanniam longe lateque convaluit, ac loca per singula Matri misericordiæ dicata præcipue occupavit.* (3)

Le nécrologe de l'église nous présente un grand nombre de donations qui, à cette époque, ont été faites pour cette même construction des clochers : *ad opus turrium; ad ædificationem turris.* Nous ne citerons en ce moment que celle de l'évêque Gosselin, mort en 1155, lequel laissa cent livres *ad opus turris* (4).

Il est donc bien certain que les clochers, en quelque état que

---

(1) *Historiens des Gaules* ; t. 14, p. 319.
(2) *Ibid.*, t. 13, p. 290.
(3) *Ibid.*, t. 14, p. 319.
(4) Ms. n° 26, f° 33.

fût l'église, n'ont été construits que vers le milieu du douzième siècle. La date de 1164, qu'on voit encore gravée très profondément dans la pierre dure au-dessous du nom *Harmand* sur la paroi d'une des fenêtres ouvertes au haut de la partie carrée du petit clocher, cette date, disons-nous, semble marquer l'époque à laquelle les travaux de construction avaient atteint cette hauteur. La flèche de ce clocher fut-elle, dès ce temps, faite en pierres, ou le fut-elle en bois, comme celle du grand clocher qu'on sait avoir été en bois jusqu'en 1506 ? Nous sommes portés à croire que ce fut en bois, et qu'elle n'a été construite en pierres qu'après l'incendie de 1194 qui au surplus, on le conçoit, n'aura pu détruire ni les cryptes, ouvrage de Fulbert, ni les masses carrées portant les flèches, qu'on élevait dans un temps voisin de cet incendie.

Lors de leur construction, vers 1150, les clochers présentaient une disposition différente de l'état actuel ; ils se trouvaient en dehors de l'église. Ce fait, aujourd'hui ignoré, était encore connu, ou du moins était controversé, à une époque assez récente. On trouve, à la page 193 de l'histoire chronologique de la ville de Chartres par Pintard, ce passage : « En l'année 1145 les deux » grands clochers furent bâtis hors œuvre au bout de la nef, sui- » vant la pensée de quelques-uns qui se persuadent que la clôture » de la nef et la façade de l'église n'ont été apportées jusqu'à la » ligne du devant des clochers que depuis ce temps-là quoiqu'il » n'en paraisse aucun vestige sensible. » L'auteur de cette histoire se trompe, en supposant qu'il n'apparaît aucun vestige de ce premier état des choses. Il est évident, au contraire, à l'inspection des clochers, que leurs faces qui se regardent et sur lesquelles s'appuie aujourd'hui la voûte de l'église, étaient autrefois indépendantes de cette voûte. Car elles portent des corniches et des ornements d'architecture maintenant coupés par la voûte, et qui anciennement ont dû être apparents dans tout leur développement. L'avis des architectes sur ce point est unanime, et ne laisse aucun doute. Il existait entre les deux clochers un porche, ou vestibule, recouvert par une terrasse qui s'élevait jusqu'à la hauteur où commence la naissance des fenêtres sous la grande rosace. Un fait important vient à l'appui de ce système : la portion de la voûte interceptée entre les deux clochers n'est pas de la même hauteur que le reste de cette voûte. Enfin on trouve dans le nécrologe une mention relative à ce porche. On y lit : « *Obiit Ragemboldus subdiaconus canonicus hujus ecclesiæ qui dedit magnam partem suæ possessionis ad ædificationem vestibuli frontis hujus ecclesiæ.*

Cette question n'est pas oiseuse; car elle prouve que, même après la construction des clochers, qui a eu lieu vers la moitié du douzième siècle, il y a eu un changement notable dans l'état architectural du monument. Les verrières nous en offrent une autre preuve.

Les admirables vitraux peints qui ont résisté aux injures du temps, et qui font de la cathédrale de Chartres l'église la plus riche en ce genre, sont tous du treizième siècle. Non seulement les artistes les plus érudits dans ce genre d'archéologie s'accordent sur ce point, mais un grand nombre de vitraux fournissent eux-mêmes leur date par les personnages qu'ils représentent. Or, en même temps que nous trouvons dans le nécrologe un grand nombre de donations pour l'érection des clochers, nous en trouvons aussi de nombreuses, à la même époque, pour des verrières. On s'occupait donc alors, c'est-à-dire vers 1150, d'orner l'église de verrières. Puisque donc les verrières existantes actuellement sont du treizième siècle, il faut nécessairement en conclure que celles du douzième siècle ont été détruites, et que cela a eu lieu, au plus tard, dans le premier tiers du siècle suivant.

Ce fait bien constant s'accorde, comme on le voit, avec le poëme des miracles où il est dit que, dans l'incendie qui en fait l'objet, les verrières ont été détruites :

Briserent cloches et verrieres.

Ainsi tout prouve qu'entre le milieu du douzième siècle et le premier tiers du treizième, il y a eu, dans l'état architectural, et dans la décoration du monument, un changement considérable. Ce changement s'explique naturellement par l'incendie de 1194.

On a invoqué, pour combattre cette opinion, de bien singuliers arguments. On a même vu dans les vitraux actuels une preuve contraire au fait de l'incendie de 1194.

« Qu'on interroge, a-t-on dit, l'ensemble du monument, ou les
» parties détachées, sa statuaire, ses vitraux, on sera amené à
» reconnaître de plus en plus l'invraisemblance de l'incendie de
» 1194. »

Quels sont donc les faits auxquels il est ici fait allusion? Les voici :

» 1° Vers 1088, on plaça au-dessus de la couverture du sanc-
» tuaire de l'église une statue connue sous la dénomination de
» l'*ange gardien;* elle n'a été détruite que lors de l'incendie
» récent du 4 juin 1836.

» 2° En 1099, saint Yves fit élever le magnifique jubé, qui n'a
» été détruit, par ordre du chapitre, que le 23 avril 1763.

» 3° Sur le clocher vieux, à la plus haute lucarne cintrée qui
» regarde le clocher neuf, on voit gravé sur la pierre le millésime
» 1114.

» 4° Parmi les vitraux on remarque (fenêtre du chœur, 44°
» forme) le donateur de la vitre, avec l'inscription suivante de son
» nom : Petrus Baillard. Il était chanoine de la cathédrale de
» Chartres. Il mourut en 1142. »

Peu de mots suffiront pour détruire ces arguments.

Les deux premiers, relatifs à l'ange gardien et au jubé, n'ont rien de sérieux, car ils reposent sur une supposition que l'auteur serait fort embarrassé de justifier, savoir, que cet ange gardien détruit en 1836, que ce jubé détruit en 1763, étaient précisément ceux qui avaient été placés en 1088 et sous l'épiscopat de saint Yves. L'un et l'autre de ces ornements n'ont-ils pas pu être remplacés après l'incendie qui les aurait détruits en 1194? Le nouvel ange gardien qu'on vient de placer sur la sommité de l'abside de l'église, devra-t-il, dans deux cents ans d'ici, être regardé comme une preuve qu'il n'y a pas eu d'incendie en 1836?

Quant au jubé détruit en 1763, il nous est possible de prouver d'une manière directe qu'il n'est pas celui de 1099. Des débris de cet ancien monument ont été conservés; en les examinant, on reconnaît qu'il est de même nature, de même matière (en pierres dont quelques-unes avaient reçu de la dorure), et de même style que les portiques latéraux; qu'il est de la même époque, du quatorzième siècle. Si donc, ce qu'on ne nie pas, saint Yves a fait construire un jubé pendant son pontificat, de 1090 à 1115, ce jubé a appartenu à l'église de Fulbert, et il a péri avec elle en 1194.

La date de 1114 que l'on suppose exister sur la paroi d'une fenêtre du clocher vieux, impliquerait contradiction avec le fait de la construction des clochers vers 1150. Aussi cette date est-elle fautive. C'est 1164 qu'on lit sur la pierre. L'incendie de 1194 n'a point détruit cette date, par la raison qu'elle se trouve gravée profondément sur la partie carrée du petit clocher qui, étant en pierres et d'une grande solidité, a résisté alors, comme en 1836, à l'action du feu.

Enfin sur quelle autorité avance-t-on que ce Petrus Baillard est le donateur de la vitre ; que c'est un chanoine de la cathédrale ; qu'il mourut en 1142 ? Il semble qu'il fallait justifier ces assertions tout-à-fait gratuites, pour en conclure, comme on l'a fait, que cette vitre est un monument du douzième siècle : conclusion d'autant plus extraordinaire et invraisemblable, que cette vitre fait partie d'un ensemble de verrières qui appartient au treizième siècle, comme le reconnaissent tous les artistes, et comme l'indiquent plusieurs personnages de cette époque qui y sont représentés.

Preuves tirées du nécrologe de l'église.

Passons au troisième ordre de documents écrits que nous avons à produire en faveur de notre thèse sur l'incendie de 1194. Nous les puisons dans le nécrologe de l'église.

1° On trouve au folio 149 du nécrologe contenu dans le même Ms. que le poème des Miracles (n° 18 de la deuxième partie du catalogue), cette mention, au XII des Kal. de novembre : *Obiit Manasserius miles cognomine Malus Vicinus, nobilis genere, strenuus armis qui fabricæ hujus ecclesiæ* quæ tunc nuper incendio fuerat devastata *præcepit quamdiu viveret usibus applicari Lx solidos parisiensis monetæ quos in perpetuam elemosinam huic dedit ecclesiæ annuatim medio aprilis percipiendos in reditibus suis de Medunta quos fideliter tenebat a viro nobili Guidone Malo Vicino nepote suo.*

Ainsi voilà une mention bien précise, bien certaine d'un incendie de l'église. Il ne s'agit donc plus que d'en fixer l'époque. Or cela est facile.

D'une part, immédiatement avant l'inscription de cet obit, s'en trouve, au même jour XII des Kal. de décembre, un autre motivé pour une donation *ad opus turrium*. Par conséquent la donation de Manassérius est postérieure à celle-ci qui doit concourir à peu près avec la moitié du douzième siècle, époque de la construction des clochers. Par conséquent aussi cette donation peut se rapporter à l'incendie de 1194.

D'une autre part, le nécrologe n° 28 a été écrit au commencement du 13° siècle, et n'a pas été continué, de sorte qu'il ne contient que les obits antérieurs aux premières années de ce siècle; car celui de Philippe Auguste, mort en 1223, ne s'y trouve pas, et un obit inscrit dans le nécrologe n° 26 et portant la date de 1246, dont nous parlerons tout-à-l'heure, ne s'y trouve pas non plus. Or ce nécrologe n° 28 ne contient pas l'obit de Manassérius; donc la mort de ce donateur est postérieure aux premières années du treizième siècle, et sa donation, faite à une époque quelconque avant sa mort, peut se rapporter à l'incendie de 1194.

2° On lit au folio 121 verso du nécrologe n° 26 : *Obiit... herbertus hujus sanctæ ecclesiæ canonicus et presbiter qui post incendium domum canonialem reædificavit et augmentavit.* Cette mention n'est pas dans le nécrologe n° 28, il ne peut donc y être question d'un des incendies de l'église antérieurs à celui de 1194, et elle peut s'appliquer à celui là, d'autant plus vraisemblablement que tout le cloître fut enveloppé dans ce désastre, suivant Robert d'Auxerre.

3° On lit au folio 199 recto de ce même nécrologe n° 26 : *VII Idus octob. anno domini m°. cc°. xL. sexto obiit Sigismondus presbiter et archidiaconus Blesensis hujus ecclesiæ promovendam diligens et intentus ad decorem domus dei et exaltationem ædificii Virginis gloriosæ cum cura sedula laboravit... Ipse et beneficiorum quos a gloriosa Virgine matre sua receperat non immemor nec ingratus huic sanctæ ecclesiæ legavit et contulit.....*

Cet obit a la date 1246 : il est donc certain que la construction de l'édifice, dont il est question, ne peut s'entendre que de la reconstruction après l'incendie de 1194.

Les nécrologes présentent beaucoup d'autres donations motivées *ad opus ecclesiæ, fabricæ ecclesiæ, ad fabricam ecclesiæ*. Souvent avec ces donations il s'en trouve d'autres, dans le même obit, qui rentrent dans le domaine de la fabrique ou de l'œuvre de l'église; celles-ci sont quelquefois motivées *ad opus fabricæ* (nécrologe 26, folio 175 verso). Cela autorise à penser que les expressions *ad opus ecclesiæ, ad fabricam ecclesiæ*, doivent s'entendre de la reconstruction de l'église.

Toutefois, il y aurait, pour se servir de ces mentions, à en discuter la date; ce qu'il est inutile que nous fassions ici, puisque les preuves très diverses que nous avons produites suffisent bien pour établir notre opinion.

RÉSUMÉ.

Les considérations sur lesquelles nous avons fondé notre opinion s'appuient sur quatre ordres de preuves différentes:

1° Les témoignages précis et concordants de quatre écrivains contemporains qui placent en l'année 1194 un incendie de la ville et de l'église de Chartres;

2° Le livre des miracles de la Vierge, où malgré les falsifications tendant à attribuer à l'incendie de 1020 et à l'évêque Fulbert l'événement qui fait le sujet du poème, on reconnaît avec évidence qu'il ne peut être question que d'un incendie postérieur et d'une époque voisine de la fin du douzième siècle;

3° Les traces d'un porche ancien, et l'état des verrières constatant qu'après 1160 il y a eu un grand changement architectural dans le monument;

4° Enfin, la mention formelle dans quelques passages du nécrologe, d'un incendie de l'église vers la fin du douzième siècle, nous pouvons dire vers 1194.

Partis d'un point très différent de celui des archéologues, qui avaient prononcé à priori et malgré les traditions, que l'église datait du treizième siècle, nous avons été conduits par des documents très divers, à la confirmation de leur sentiment.

Arrivés les derniers dans cette discussion, et même comme par hazard, à l'occasion de la publication du livre des miracles de la Vierge, par M. Du Plessis, recteur de l'académie de Douai, nous avons profité non seulement des lumières qu'ont portées dans cette question ceux qui l'ont traitée avant nous, mais aussi de leurs erreurs. Si donc l'état en est aujourd'hui irrévocablement fixé, nous nous faisons un devoir de dire que tous ceux qui s'en sont occupés, quelle que soit la divergence de leurs opinions, ont concouru à obtenir ce résultat qui intéresse à la fois l'histoire des arts, et l'histoire particulière de la ville de Chartres.

Mais il nous reste encore à remplir une obligation, à laquelle nous satisfaisons avec un grand plaisir : c'est celle de témoigner notre reconnaissance à M. de Castillon de Saint-Victor, notre collaborateur à la Bibliothèque de Chartres. Il avait lui-même entrepris et commencé des recherches antérieures aux nôtres, et il les aurait utilement mises à fin si d'autres occupations ne l'en avaient détourné. Mais, dès qu'il a su que nous nous livrions à la discussion qu'il était forcé d'interrompre, il a mis à notre disposition ce qu'il avait recueilli de documents, et il nous a puissamment aidés de ses conseils. Nous lui devons beaucoup, et nous le prions ici d'agréer nos remercîments à cet égard.

Chartres, octobre 1841.

Post-scriptum. Depuis que cette dissertation a été écrite (en 1841) nous avons dû à d'obligeantes communications la connaissance de quelques documents qui corroborent notre opinion et les résultats de nos propres recherches. Nous allons rapporter ici ces nouvelles preuves.

M. l'abbé Pie, vicaire-général, nous a fait connaître deux passages d'un manuscrit de notre bibliothèque, où il est fait mention de l'incendie de 1194. (1) C'est une compilation de diverses chroniques, faite en l'an 1336 environ. On y lit d'abord, après une mention de la croisade de 1190 : « Si donc ardy leglise Notre-Dame de Chartres avec la dicte cité. » (folio 89 du manuscrit). Et plus loin (folio 189) cet autre passage, qui vient encore après la croisade

---

(1) Ms. n° 17 de la 2ᵉ partie du catalogue.

de Philippe-Auguste et Richard, en 1190 : « Maintes villes ardi-
» rent, entre lesquelles la cité de Chartres avec lesglise Notre-
» Dame ardy. Et disoient aucuns qu'ils avoient veu les corbeaux
» porter les charbons ardans par lair. » Puis il est fait mention de
la mort du roi Richard en 1199. Ainsi cet incendie de l'église de
Chartres est bien celui de 1194; et le compilateur le rapporte
d'après des récits contemporains de l'événement et qui ne sont
point la reproduction de ceux que l'on connaissait déjà, puisqu'il
cite le fait des corbeaux portant des charbons ardents, dont il est
fait mention ici pour la première fois.

M. Benoit, alors juge suppléant au tribunal de Chartres, a in-
séré dans les Annuaires du département, années 1844 et 1845,
diverses notices fort intéressantes sur l'histoire de la cathédrale.
On y trouve notamment les nombreuses mentions d'obits qui paraissent se rapporter à l'incendie de 1194.

M. Benoit cite le catalogue des évêques donné par Challine, où
il est dit que Regnault de Mouçon fit reconstruire son palais épis-
copal qui avait été détruit par un incendie, *episcopales domos
combustas in melius reparavit*. Comme l'épiscopat de Regnault de
Mouçon a eu lieu de 1182 à 1218, on peut regarder cette mention
comme une nouvelle preuve de la réalité de l'incendie de 1194.

M. Roullier, juge au tribunal de Chartres, nous a fait connaître
une charte des Archives du département, qui confirme pleinement
le raisonnement par lequel nous avons fixé l'époque de Manasserius
de Mauvoisin et attribué à l'incendie de 1194 sa donation consacrée
fabricæ ecclesiæ quæ tunc nuper incendio fuerat devastata. En effet
la donation est de 1195; de sorte que l'obit de Manasserius suffirait
seul pour assurer la réalité de l'incendie rapporté par les chroniqueurs dont on avait contesté jusqu'ici l'autorité.

Voici le texte de la charte dont il s'agit :

Noverint universi presentes pariter et futuri quod ego Manasserius Malus Vicinus, pietatis intuitu pro remedio etiam anime
mee et parentum meorum dedi et perpetuo concessi ecclesie Beate
Marie Carnoten. ad opus ipsius ecclesie sexaginta solidos, monete
Parisien. percipiendos apud medunlam in redditibus meis, singulis
annis, mediante Aprili. cum verò opus et edificacionem ipsius

ecclesie per Dei gratiam, consummari contigerit, ipsa ecclesia nommos prefatos perpetuo habebit ; capitulum verò Carnoten. pietatis intuitu, in recompensacionem etiam hujus elemosine michi concessit, quod quando me viam universe carnis ingredi contigerit, anniversarium meum in ipsa ecclesia perpetuò celebrabit. Quod ut ratum firmumque permaneat, presens scriptum sigilli mei impressione in testimonium feci roborari.

Actum sollenniter Carnoti et datum super altare gloriose Virginis anno gratie m. c°. Nonagesimo quincto. in nonas octobris; astantibus ibidem multis, videlicet : Raginaldo venerabili episcopo Carnoten. Gaufrido decano. Crispino, Cantore. Willelmo subdecano. Gosleno preposito de auvers. Symone et Roberto de Berou et Carnoten. Petro de Richerborg nepote meo. Willelmo de Provemont. Nivardo de Corgent, et aliis multis.

Nous ferons remarquer, en rapprochant le texte de cette charte du texte de l'obit tel que nous l'avons cité plus haut, que celui-ci éclaircit et explique le premier. En effet la charte, en énonçant le fait de la reconstruction de l'église, est muette sur le temps et la cause de la destruction du monument; mais l'obit, en employant les expressions *hujus ecclesiæ quæ tunc nuper incendio fuerat devastata*, ne permet pas de douter qu'il s'agit dans la charte d'un incendie tout récent au moment de l'émission de cette charte.

www.ingramcontent.com/pod-product-compliance
Lightning Source LLC
Chambersburg PA
CBHW060702050426
42451CB00010B/1236